그냥이라는 말은

그냥이라는 말은

박병구 시집

그루 시선 106

그루

시인의 말

물질의 변화가 재빨라지는 요즘은
자존에 의문을 느낄 때
원리를 기본으로 진실에 충실 하려는
주책없는 라떼세대(나 때는 말이야)로 꼰대가 되어 있었다
그나마 시를 짓는 위안이 담백한 삶을 자위한다
진짜 나를 이해하려고 진짜 나를 찾는 여정이
듣는 대로 이해할 수 있는 耳順의 그 지점 앞에 섰다.

고단하고 축축한 삶의 여정을 탈 탈 털어내고
이즈음에 쉼표를 찍는 이정표를 적는다
누구라도 그러하듯
누구나 한 번쯤은 슬픈 계절을 지나온 흔적에서
건전한 삶을 위하여 균형을 잡으려고 흔들렸고
성숙한 인격체를 이루려 공功을 들이던 과정이 녹아든
열매를 내어놓는다.

그 맛이 어떨지는 『그냥이라는 말은』로 묶었다.

2021년 여름

박병구

차례

2 경포호 가시연꽃

3 다듬잇돌

4 커피 한 잔에 사랑을 오려 붙이다

5 11월, 그 맞춤법

해설

1

달콤한 입맞춤

정월 대보름

동짓밤에
모질게 동여맨
고운 사연 살포시 풀어
숭고하리라
꽃봉오리 내밀면
숨 막히게 큰 웃음으로
둥글게
함박꽃이 피니
정월이라 대보름달
내내 아름답고 행복하리라
두 손을 모은다.

겨울꽃

다시 겨울 앞으로
살얼음 밟고
숨결조차 파르르 떨며
시퍼런 경계에서 서성이는 꽃

살뜰한 정 나눔이 없는
온통 하얀 세상
차가운 사랑처럼 피어
쓸쓸해도 평화로운 고독

응어리 같은 사랑
모두 내어 드릴 수 있어서
아픔으로 덧나지 않는
원시의 몸부림으로 피는 열정

사랑이라 부르는 마지막 꽃봉오리
찬바람 몰아치는 길목에서
수액이 솟아오르는 아찔한 연애는
얼어붙는 겨울 수레바퀴를 따라
훈훈한 희망으로 건너가고 있다.

입동立冬

꽃과 열매에서 씨방이 터져서
씨앗을 흩날리고 나니
어이없이 초록빛 신록이 갔다.
가는 길목마다 짙은 내음은
국화 구절초가 배웅하는 향기인 듯
장례식장에 국화 꾸밈새가 그런 까닭일까?

고로쇠 수액이 메마르면서
앙상해지는 날카로운 잿빛 표정들
덩달아 을씨년스럽게 꿈틀대며
뱀도 개구리도 다람쥐들도
깊숙한 겨울잠으로 가려 한다.

그래, 그저 외롭지 않게 함께 가자
동안거冬安居 선방 수행처럼
참고 고뇌하는 침묵에 눈을 뜨는 혜안으로
대지의 감미로움이 소곤소곤 깨어날 즈음에
새싹을 틔우는 새로운 봄날을 맞이하려고
기다림으로 들어서는 입동立冬

달콤한 입맞춤

매일 새로이 창조되는 아침에
감사합니다. 하고
수줍은 겸손이 이슬처럼 맺힐 때
나이에 걸맞게 익어 가는 당신을 봅니다

시리고 달콤한 청춘
고마워할 줄 모르고
감사한 줄 모르고
미안해 할 줄 모르고
제멋대로 꽃을 피우려던 오랫동안
목련 꽃잎처럼 툭
떨어진 아린 시절도 있었지요

시절마다
시절의 속삭임은 동백꽃처럼 붉은 목마름이었지만
감사합니다. 하고
높새바람 빗방울 부서지는 소리 정겨워
세월 자국 검버섯 주름살을 벗고
허공에 떨구고 달아난 하얀 깃털 미소였지요

티 없이 화장하지 않은
뭉클한 말 한마디, 감사합니다
슬픈 이야기가 아니라
언젠가는 꽃나비로 함께 어울리는 고운 행복
'우리'를 조각하는 달콤한 입맞춤입니다.

동지冬至

팔죽에 새알 몇 개 넣어서
후루룩 먹고 나니 나이 한 살 더 먹었다고
설날에 떡국을 먹고 나서도 그러하더니
이런저런 살아갈 날들은 하루하루 짧아지는데
시리고 시린 겨울밤은 하루하루 길어지더니
동짓날 음기陰氣가 극에 달하는 절정이다

동짓날 긴긴밤 한 허리를 잘라서
고운 님 오시는 날 밤 구비구비 펴리라는
황진이 싯구처럼 동짓 밤은 길고도 길지만
어차피 한 굽이 구비 접어서 꺾어 돌아가는
반환점이 아니던가

만나고 헤어지고
사랑하면서 증오하고
평온해지면 불안해지는 알 수 없는 이유로
또 사랑하며 살아가야 하는 수식어를 줍고
맵고 추운 겨울날들로 거세게 달려간데도
따뜻하게 보듬어 줄 꽃내음이 기다리니

끝까지 버티고 견디어야 한다고 곱씹는
동짓날 긴긴 밤이 한없이 깊어 간다.

나잇값

12월이면 세월이 한 겹 덧입는 반증으로
마음 춥고 쓸쓸해 나이를 헤아릴 즈음
또, 어찌 살꼬
술 한 잔 기울이는 휴식

벼는 익을수록 고개를 숙인다고
고개를 숙인다는 건 감사하는 것이라고
감사를 건네는 머리 숙이는 차례는
겸손이 담긴 것이라고
혹은 나잇값을 한다고
그 나잇값 못해 경멸스러워지면
꼴값 떨지 말고 철 좀 들어라 하고

세상을 핑계로 멍이 들고
아픈 상처가 있어도 꼴값보다는
나잇값을 치르며 살아야 했기에
눈물 소금에 절여진 세월이 춥다

추운 날엔 알싸하면서도 구수하게

보글보글 끓는 청국장 냄새가 더 당기는 입맛은
이제 내 나잇값도
곰삭이는 맛을 덧칠하고 있는 까닭인 게지.

겨울밤에 녹차

눈이 내리고
요란한 세상 소리를
온통 하얗게 덮은 장엄한 순백純白
자욱한 백설에 함빡 스며드는 고요
고요에 발목을 담근 정적

싸늘한 한숨이 공연히 퍼져 가는 겨울밤에
묘한 울렁거림이 안개처럼 피어나는 심금心琴이
잘 익은 사계四季의 설렘이 응축된 전령을
흙으로 빚은 찻잔에 우려내니

녹음이 녹아들고
추운 겨울이 녹아들고
영혼을 관통하는 감미로운 음률이 녹아들고
준엄한 계절의 순종順從이 녹아들고

고운 지난날을 만지작거리듯이
따뜻한 찻잔을 어루만지며 한 모금 삼키니
고즈넉이 가슴에 물들이는 녹색 향연

뒤늦게 입 안에 머무르는 세월의 충만함이
겨울 그루터기 쓸쓸함에 대하여
하얀 겨울밤을 녹차 향으로 고고히 덮고 있다.

착한 사랑

깨지고 부서진 자리
사금파리 조각 위에 서서
반짝이는 빛 한 자락을 줍는다

한여름이 저무는 빗방울 사이에
외로워서 황홀한 빛
아낌이라는 상반된 충만으로
너그럽게 배려가 된다

흔들림이 균형으로 되는 자리
어디로 갈 작정이냐고?
그런 건 없다.
무절제했던 질책을 지우고 있다.

꿈을 꾸며
이렇게 살아도 되는지
가끔 묻고
맑게 눈 뜨고 착하게 바라보는 것뿐이라고.

자위自慰

매서운 칼바람이 휘젓는 겨울날에
웅크리고 기다리는 봄날은
기다리던 봄날이 아니므로 다가올 때
산다는 건 한바탕
일장춘몽이라고 토닥거리는 자위의 행각
그래도 또다시
인간이기에 세상을 살아가야 하는
세인世人이 되지 못해서
유리 천정만 바라보다가
물거품처럼 무너지는 희망은
실존의 결핍이 아니라
내가 나를 버리지 못하는
순하고 연한 마음이 있는 탓이라고
함박 눈물을 억지로 삼켜야 하는
또 하나의 자위自慰.

봄비 내리는 창

비가 오시네
봄비라는 귓속말로 사뿐사뿐
혹은 사부작사부작 물들이고 있지요

온 누리 축복의 서시序詩처럼
서로를 보듬어 가며 꿈틀거리며
생명수가 되려고 대지大地를 보채는 건
이게 진짜 사랑이거든

봄비 내리는 창
보슬보슬 찡긋거리는 빗방울에서
보고 싶은 얼굴이
살포시 웃고 부셔지니
참으로
설레는 봄날이네요.

설날

새해 첫날
한 해를 매듭짓고
또다시 새로운
꿈으로 길을 떠나기 위해
어제라는 묵은 잠에서 깨어나
올바르게 서는 날이 설날이라지.
포르르 새 한 마리 날아오르는
양지바른 언덕 위에서 다시 서며
어제의 꿈이
오늘의 꿈이 아니듯이
사람 꽃으로 오신 몸이기에
일체가 무너지고 사그라지더라도
서릿발치던 한恨은
빗장을 열어 마음 문 활짝
도道로써 일갈一喝
올해는 마음 씀씀이 넉넉하게
풀어놓고 살자.

고마워, 아들아

아들과 술상을 펴고
채워진 술잔을 함께 들면서
스르르 녹아드는 가슴 한 모금
고맙다 아들아
곱고 맑은 무채색으로
세상을 품고 예쁘게 그려가는 아름다운 청년이 되었네

맑은 영혼으로 가시밭 같은 시간을 걸어온 네게
좋은 안내자가 되지 못했던 내내 아픈 멍든 가슴이었지

너를 강보에 안고 석양 밑으로 걸어 들어갈 때도
부재의 아픔을 한 올 한 올
쓸쓸한 기타 줄로 음표를 짚어갈 때도
눈물 같은 술잔을 마시며
남몰래 먹먹한 가슴 조심조심 바라보아야만 했지

둥지에서 우리들의 손을 잡아 준 따뜻한 손에
십자가 아래서
오로지, 오로지만을 기도할 줄 알게 되었지

고마워, 은혜라고 감사라고 했지

이제는 우리가 또 다른 차가운 손 잡아 주자
마음 아픈 사람 보듬어 주자
생명보다 더 소중하고 귀한 건
누군가를 위하여 촛불처럼 녹아내리면서
불꽃으로 어둠을 밝히는 게지

내가 존재하는 건 타인에게서 비롯되는 거야
세상에서 잠시 머무르며 할 수 있는 건
아낌없이 더불어 살아가는 이유인 게지
너와 먼 인생길 동행할 그에게
행복이 될 수 있는 삶이 되자고
그렇게 기도하며 그렇게 살자. 고맙다 아들아

그냥이라는 말은

사랑할 준비가 되어 있을 때
그냥 좋아서라고
솜사탕이 스르르 녹는 맛
무중심의 디딤돌로 달빛에 젖어가는 느낌
촉촉하게 그냥이라고
고운 숨소리로 단아하게 결론짓는 예쁜 미소
부끄럼을 접고 함초롬히 뱉는 언약

그냥이라는 말은
소금끼가 빠진 눈물처럼
어떤 의미도
어떤 논리도 없이
마음이 가는 대로 감정에 충실한 속내

그냥은
맑은 하늘에 담겨져 있는 속삭임처럼
차가운 비에 젖어 쓰러진 풀꽃들에게
기다림이라는 의미가 되는 자위로
매콤한 세월을

버려두고 가는 아름다운 시절의 시詩

그냥이라는 말은
따뜻한 커피잔에 맴도는 은은한 향기로
쌉쓰름한 입맛에 달콤한 여운이 남아 있는
그냥 그렇게
그냥 있는 그대로 투명하게 솟아나는
옹달샘처럼 입속에서 피는 사랑의 꽃망울
그래서 그냥이라는 말은 그냥 좋다.

지상철地上鐵을 타다

봄내음이 턱밑까지 차오르는 멀미에
공중을 달리는 열차에 올랐더니
신선한 하늘 냄새를 뭉클하게 만난다

노란 꽃으로 봄이 오는 그림을 창밖으로 보며
쳐다만 보다가 내려다본다는 게 이런 거구나
신록으로 흠뻑 물오르는 나무 내려보며 안부
가끔 내려보지 않아야 할 곳은 자동 가림막으로
차창에 뿌옇게 채색되는 예의가 고마웠고

공중 길은 주로 개천 위를 지나고 있는데
졸졸 흐르는 시냇가 같은 정감이 비치고
개울가 무성한 연초록 수초 사이에
수달 부부 사랑 나눔으로 숨바꼭질이 바쁘고
물가에 앉았던 두루미 솟아오르며
허공을 잠시 동행하는 정겨움이 더하고
지나는 역마다 징검다리 징검돌 짚고 가는 맛

쏜살처럼 빠르게만 달리는 세상

삼등 완행열차처럼 알맞게 바라보며
살짝 기우는 정겨움
이 길로 고향 가는 논두렁 걷는 기억
고향집 창호지에 번지던 맑은 그리움이
녹아내리던 이정표가 지상철에 있었다.

＊지상철(地上鐵) - 대구도시철도 3호선

그런 사람 있어

눈을 감고
하루살이에 지친 육신을 구석방
빨랫줄 젖은 옷처럼 걸쳐 널고
축 처진 상념으로 가라앉을 때
저 깊은 곳에서
스멀스멀 기어 나오는
부드러운 내음의 삼삼한 얼굴
손을 내밀면 닿을 듯
마음 가벼워지는 그런 사람 있습니다

찻잔을 사이에 두고
선한 마음이 침묵으로 향기가 흐르고
화롯불이 은은히 타오르는 불씨로
소박한 웃음을 속내에 묻어 두고
묵묵히 바라만 보아도 좋은 그런 사람

사랑하는 사람과의 사이
같은 시간 속에 같은 숨소리로 채우는
그 거리만큼 동심원을 그리며 퍼지는 여운으로

친구처럼
연인처럼
달빛이 내려 쌓이는 달콤한 세월을 살아가는
그런 사람 체온이 느끼기에
마음의 심지에 불을 밝히고 있습니다.

또다시 거울 앞에

뙤약볕이 한창 익어
시끄럽게 흥이 나던 매미 소리도 잠시
얼핏 두서너 번
비바람이 지나고 나니 고고한 하늘빛에
노랗게 물들어가는 빛의 축복이거늘

얼른 어른이 되고 싶을 때
앞산 노송老松의 그림자가
관대하고 인자하게 맞이하여 주었고
건너마을 가르는 개울물에 비친 얼굴들
천진난만 꿈들의 속삭임들이
울 엄니 웃음소리처럼 정겨웠는데

회갑回甲이라는 띠줄에 감겨
돌고 돌아 어느덧 눈앞에
정녕 그러한가를 보려고
또다시 거울 앞에 선다
세월이 더덕더덕 붙은 얼굴
숨기고 덮어야 하는 사연이 함몰된 주름

그려, 그려 거절할 수 없이 늙어가는 마중물

거울 속에 마주보는 또 하나의 모습
넉넉한 여유가 소담한 버팀목으로
절로 무심한 도리道理를 깨친다
한 세상 곱게 꽃피우려던 달달한 사연들
이제 어른이 되었네

우수雨水

익명匿名의 아픔들이 쿨럭거리다가
꽁꽁 얼어붙은 땅 귀퉁이에는
오래오래 잊고 살아야 할 사연인데
아무런 상관도 없는 칼바람이
몇 번이고 홰를 치고 돌고 나니
눈물처럼 흐느끼는 겨울비 내리더라

일상의 저항으로
새로운 감각을 길들이는 기념비처럼
얼음이 녹아내리는 빗방울이
먹먹한 가슴을 헤집어 놓고
핏빛으로 스멀스멀 솟아나는 실핏줄에
봄 향기가 스며들어
아름다웠던 기억을 간질거리며
맑은 눈가를 꼼짝거린다.

2
경포호 가시연꽃

강릉에서 살아 보다

조상님의 고향이라고 들었다
동학의 접주로 동학인으로 불리우다
흩어진 가문이라는 꼬리표쯤으로
마음에 간직한 아련한 땅
그리운 날엔
포근히 머무르고 싶은 그림자가 드리웠다

종種의 의무를 마쳤다는
털털 털어 내는 형식을 빌려
50년의 삶터를 떠나
강릉에 둥지를 틀었다
낯선 땅 낯선 사람 사이에도
낯설지 않은 부대낌

세월이 저 혼자 가는 길목을 만나
솔솔 부는 솔향기 사연
넉넉한 햇살 아래 산들거리는 망초 꽃처럼 피어
너울너울 파도 위에 띄우며
함께 살아 보자
정情들면 고향이랬지.

경칩驚蟄

슬금슬금 옷고름을 풀고 있는
겨울 빗장에
쨍그랑 울음 터지는 산통으로
스르르 눈을 뜨는 봄 기지개
천천히 겨울을 보내며 돌아서는 이정표
정겨웠던 기억 속에 기다려 온 나날들
이제 여기까지 왔다
오로지 견디어야 한다는 통한痛恨으로
헝클어진 일상의 잔가지들이
빗질을 가지런히 한다
개구리 눈을 뜨는 날
마음의 눈뜨고 한 뼘 작은 텃밭에
아름답게 시린 행복 씨앗 심어서
온 세상 꽃들이 만발하여 메아리가 되면
하늘 가까이 향기로운 쪽빛 가득하여
낙엽이 지고
하얀 겨울로 다시 들어서는 길목에서
행복했노라 영글어진 열매가
온통 채워지는 보자기를 챙겨 놓으리

경포호鏡浦湖 가시연꽃

침묵 위로 별똥별을 보며
무엇이 될까
오래된 내일을 기다리다
반세기 만에 눈을 뜬 꽃씨 한 톨
연꽃으로 오셨나니

진공의 시간을 잠들지 못하고
고독을 쪼아먹는 정화의 구도求道는
사무침이 가시로 돋아나
사랑을 찾는 더듬이로 자신의 잎을 뚫고
목을 빼어 올려 가시에 감싸인 부활로
술래가 되어 버린 숨박꼭질

새로워진 어제에 고향 하늘이 열리고
뒤틀어진 세월에 경계가 무너지고 나니
아무 일도 없던 것처럼 기억의 언저리에서
순결 같은 속살을 드러내는
콧대 높은 유혹에
그저 황홀을 바라보는 시詩로서 어루만진다.

* 경포호(鏡浦湖) 가시연꽃은 강릉 경포호 주변 습지에서 사라진 지 50년 만에 습지에 있던 씨앗에서 다시 꽃이 피었다고 함.

경포호鏡浦湖에서

호수 물이 거울처럼 맑아서 경포鏡浦라
개망초가 솔바람에 하얗게 소금처럼 뿌려지고
수양버들 호숫가에서 흐느적흐느적 너울거릴 때
하슬라에 모인 아씨들 콩딱콩딱 가슴 두드리며
애틋한 연정의 글귀로 한 곡선 그려 올린 눈썹이
왜색 짙은 벚꽃나무가 빽빽이 박히고
물질과 타협한 바벨탑이 솟는 위력에
곱던 관능의 매력이
쇼윈도우 안에서 옷을 벗었다
홍등을 밝히고 덕지덕지 분칠을 하고
화대花代를 기다리던 요염이
쓰러진 자리는 아닐진대
고요와 사색이 유린된 채 반짝이는 화려는
홍장이 덮은 전설 이야기와
홍길동이 칼을 뽑아 선 초상이
병풍으로 둘러싼 어지럼증
인공人工이 빚은 우울함이 서슬로 짙다
태초에 스스로 그러한 변질의 굴곡이
생채기를 성형하듯 싸매고 있어도

다시 부르지 못하는 찬가가 되었다 해도
석양을 품은 노을빛 황혼으로
달빛을 품어 찰랑거리던 은유로 세상을 비추어
마음을 닮아내어 성화聖化를 이루던 물결은 그대로니
부디 관객만을 위한 무대일 순 없다고
넋두리 같은 염원을 물결 위에 띄워 놓고 돌아선다.

청명清明

맑은 햇살이 환하게 웃고
새털구름이 뜨문뜨문 무늬를 수놓고
살살 간질거리며 스쳐가는 바람이
초목의 여린 싹을 어루만지는 연애질

황량한 땅 위에서 순백의 언어로
뽀얀 속살을 드러내던 목련이
꽃샘과 팽팽한 줄다리기로
타박타박 속앓이를 하더니
꽃잎을 떨어뜨리는 구실로
소곤대는 땅속의 숨소리를 듣는다

춘분과 곡우 사이에
맑고 청명한 빛이 뿌려지는 형식에
쪼그라든 오금을 펴고
파릇파릇 심장을 뜨겁게 데우는 봄날이다.

곡우穀雨

계절의 매듭이 지어지는
한 시절 어스름에
꿈을 좇다 한숨이 얼룩진 마음이
구름이 되어 세월을 흐르는데
산 자라는 이름으로 곡기穀氣를 먹어야 했다

잠을 자는 사이에 누가 다녀갔나 보다
순간으로 와서 영원이 되고 싶어서
열정의 수액을 모아
하늘 연못에 거침없이 치솟던 갈무리로
허공에 뿌려진 미세한 먼지와
세상 시끄럽고 요란한 이기와 욕심의 함성을
촉촉이 적시며
세례식 같은 정화와 고요가 그윽하다

비가 내린다
아낌없이 내어주는 빗방울
하늘 닮은 세상이 펼쳐지는 고요
여백의 틈새에서 살아야 하기에
알뜰히 씨앗을 박아 넣는 눈물 같은 곡우.

벚꽃, 꽃비로 물들다

천진난만 까르르 꽃웃음으로
한나절 허드렛 핀 벚꽃잎들
어린아이 소란하게 노닐던 마당

물비늘 채 맺히기 전에
시샘 바람에
와르르 꽃비로 내려오시니
온통 한 치 앞도 보이지 않은
하얗게 연분홍빛 물감으로

노래하던 아이들 넘어지며
세상 요요하게 흔들흔들
꽃비로 색칠하는 폭우의 화려에
꼭꼭 숨어라, 머리카락 보일라

어느 꽃바람으로
일렁이는 사랑의 묘약인가
화려하게 꽃무늬 휘날리던 그날
어쩌나 서글프게 꽃비로 물드네.

삼짇날

이 풍진 세상
강남 갔던 제비 돌아온다는
인생살이 삼세판 같은 삼짇날
물오른 수양버들 하늘하늘
늘어지는 텃세에
가지 하나 분질러서 껍질 벗겨내고
강가에서 버들피리 아련하게 불어 본다

꽃잎 떨어져야 열매가 맺히나니
바싹 물오른 봄처녀 울렁울렁
꽃잎 떨어지기 전에 마음도 물들이려나
온 산 진달래 꽃잎 꺾어
지글거리며 화전花煎을 부치더니
지화자 지화자 애련하게 늘어진다

양지바른 언덕에서 쪼그라드는 꽃샘도
봄에 핀 빨강 노랑 하양 파랑 예쁜 꽃들도
화무십일홍花無十日紅이거늘
인생살이 삼세판 다시 한 판 더 펼치니
출발선에 오른 삼짇날 버들피리 흥겹게 분다.

난설헌 허초희 할매를 만나다

강릉 초당동 허난설헌 생가에는
고택의 고풍스런 분위기가 아니라
왠지 조각조각 꾸며진 조립식 느낌을 사이로
세월의 그늘을 헤집고 들어서니
예사스럽지 않은 애절한 풀벌레 소리
무성한 그리움으로 한 획을 긋는 묵선墨線이 가른다

조선이라는 소천지小天地에서
여성으로 보통 사람의 아내가 되었음을
분통했던 허초희 할매를
초당골 생가터에서 분절된 세상 밖으로
허난설헌許蘭雪軒의 비碑로 만나며

짧은 생
애끓는 원통한 피눈물에
스물일곱 해 목마르게 살다가 꽃망울인 채 떨어진
세월이 쌓인 이끼 틈에도
변색되지 않은 화선지로 남긴 먹물의 절창
부용꽃 스물일곱 송이 붉게 떨어지니

척박한 땅에 씨앗으로 다녀간 이방인의 몫을
죄의식의 동지同志로 다가서려는 순간

바람처럼 삶을 살아온 영혼들의 여백에
쓸쓸했던 세월을 만지며
그렁그렁 별빛으로 쏟아지고
지나가는 세월의 울음이
낮은음자리로 어둠의 목젖을 누르고 있었다.

하슬라*, 솔향에 눕다

대관령 산자락으로 내린 구김살이
바다에 맞닿은 해안선으로 다림질이 되었고
실록의 풍요가 하품을 토해내는 향기로
깊은 산 옹달샘 쉼표처럼
바다는 제품에서 쪽빛으로 덧칠을 하지요

무념무상으로 창조되는
맑은 이슬에 맺히는 소음이 침묵을 깨우고
청솔가지 위에 누워서 다소곳이 조명을 받는
빛으로 청아한 하늘을 볼 수 있네요

투명한 무채색 밑그림에 제 색깔과 조화로
솔향을 연주하는 흥건한 정감이
재잘거리는 산새 소리는 파도에 화음이 되고
풀꽃들이 속삭이는 정교한 밀회는
붉은 낙조를 담아내는 호수가 되네요

돌아설까 하다가 머뭇거리는
슬픈 기억으로 멜랑콜리 밀약

포말로 쓸어내는 아픈 장르의 변화
휘날리는 황홀이 아니라
소소히 바닷가 솔향에 누워
도란도란 고개를 끄덕이는
소소한 자연의 이야기가 되고 싶은 것이지요.

*하슬라-강릉의 옛 이름

사월의 눈보라

겨울 가면 봄이 온다는데
가는 길 고이고이 배웅했는데
봄마중 가는 길목에
이런, 제기랄
겨울 군화 발자국들 쿠테타이다.
그런데 모르는구나
너는 하얗게 지우려고 하지만
여명은 어둠에서
조금씩 새아침을 맞이한다는 거
봄은 연하디연한
연록색 새싹으로 나온다는 거
사월의 눈보라여
휘날리며 올테면 오라
매맞을 땐 매맞고
봄눈 녹는다는 게
뭔지 느끼도록 보여 주마.

봄밤

주르륵 내리는 비
이제 그만 안녕이라고 슬금 빠져나가는
묘한 찰나의 치맛자락을 밟고 있을 즈음에
김치 맛이 시큼새큼해졌다

스스로 그러한 정령들의 부름이
있어야 할 날들이 힐끔힐끔
빗방울을 뿌리며 오래된 친구처럼 왔다

깜박깜박하는 순간이 종종 생겼다 해도
나잇살만큼이나 촉촉이 젖어드는 징조

연분홍 부끄러움을 접고
곱게 드러내야 하는 연둣빛 속살의 정사
흥얼거리는 빗소리 추임새로
봄밤이 촉촉이 젖어 들고 있다.

안목항 커피 거리

솔밭 산책길이 끝나는 안목항
커피 향이 흐르는 즐비한 카페들
커피 거리를 알리는 조형물 하나에
여자 관광객 패거리들 기념사진을 찍다
왜? 모텔도 아닌데 엉덩이를 만들어 놓았냐구
제기랄, 뭐 눈에는 뭐밖에 안 보인다더니
보소! 아지매들 고게 커피 원두를 조형한 거라우

솔밭 산책로 고요를 지나니
바글바글 어지러운 커피 거리를 만나
분위기 좋은 카페테라스에서
에스프레소 투샷
짭찔한 바닷내 철썩이는 파도
햇볕이 내리쬐는 백사장 해변에
밤에 피던 별들이 쏟아져 굴러가고
다독이는 커피 향의 음미는
고된 삶의 여정이 콧등에 닿을 듯
빨간 등대에서
잠시 여정을 쉬어 가도 될 운치.

꽃잎은 마르지 않는다

가련히 목련이 다녀가고 난 뒤
병아리 삐약거리듯
톡 톡 터지는 개나리 잔기침들
봄비 내리는 틈새
날림으로 노란 울타리 만들고 나니
철딱서니 없는 벚꽃놀이
소슬바람에 후두둑
꽃비로 날리는 잔치에
먼산 연둣빛 속에 연분홍 밀어
가실 길에 즈려밟고 가는 진달래 꽃길
애절히 걷다 보니
쌀밥이 나무에서 피어나는 이팝꽃
소싯적 익숙한 눈요기로 배부른 잠시
붉은 정열 속살을 발갛게 드러내는 장미에
향기로 견주는 아카시아 꽃바람으로 덮는
봄날은 꽃잎이 마르지 않는 꽃대궐

왜냐고 묻지 마시게
다시 시작하는 봄날은 그러한 날들일세

정동진

한양漢陽 광화문에서
정동 쪽으로 나루터가 있다는 마을
바람 불고 파도치고 폭풍우 몰아쳐도
박명薄明에 눈을 뜨는 시간엔
수평선으로 붉은 선물이 찾아오는
싱그러운 해돋이 광경이 아침을 열고
소금기 머금은 짭찔한 바람과 함께
백사장이 연결된 정동진역은
꽃 나비 너울대는 평온한 낭만이다
갈매기가 날며 우는 소리에
정겹게 밀려오는 파도의 속삭임
탁 트인 바다
무엇을 위해 어떻게 살아왔는지
무엇 때문에 사랑하고 미워했는지
포말이 부셔지듯
이슬처럼 맺혔다 사라지는 묵은 응어리
일렁이는 바다의 숨소리를 들으며
정동진에 묻혀지는 기억들을 바라본다.

틈새

항시 너의 모양이 되어
조그맣게 가다듬어 받쳐 올리는
사랑 타령

맑은 샘물처럼 솟아나는
명징한 언약으로 목을 축이며
영원을 동행하자는 장밋빛 연서

사랑하며 사는 세상
빈틈 하나 만들어
그 틈새로 너와 나 들고 나고

여유로운 향기
살며시 풍기는 틈새에는
고운 빛줄기 들어오는 풍경이어라

3
다듬잇돌

오월의 장미

사월에 송홧가루가
연서로 흩날리고 나니
춘정이 스며들어
이슬로 빨갛게 입술 바르고
요염하게 보일 듯 말 듯
아찔하게 꽃잎을 여는 오월의 장미
봉오리 겹겹이 감싼 꽃잎 속으로
연하디 연한 붉은 속살로
숨가쁜 유혹에 가시 돋는 독기
넝쿨로 고스란히 담장에 안기어
담장 밖으로 던지는 숭고한 구애
이웃하며 살자고
오만했던 울타리가 허물어지는
오월의 거리에는
농익은 붉은 유혹이
살랑살랑 속삭임으로 부른다.

분수

한여름 날 불한당의 행패처럼
윤기가 잘잘 흐르는 뙤약볕의 폭염
숨막히는 불덩이로 짓누르는 비웃음이
일방적 억압이라는 통찰의 모던은
진저리로 지친 푸른빛의 염력을 빌리고
허공을 적시려는 열정의 수액을 모아서

거꾸로 뒤집히는 폭포
환희로 솟구치는 물줄기
거침없이 내뿜는 물줄기
땡볕에 항거하는 역류이다

언제나 역류는
무지개가 펼쳐지며 아름답다
망설임이 없기에 시원하다만
중력의 무거운 무게도 잠시뿐
솟구치는 물줄기는 산산이 부서지고
헛되고 헛된 안개꽃으로 흩어진다

흩어지면 어떠하리 또다시
폭염에 대항하는 끝없는 솟구침으로
솟아오르는 물줄기여

호수와 커피 한 잔

비가 내리던 흐릿한 허공을
깨끗이 씻어 낸 맑은 하늘 아래
텅 빈 오후 고요가 펼쳐진 호수
파란 파라솔이 드리워진 카페에
침묵하던 물결 위로 작은 떨림
흘러가던 구름 한 송이 내려앉아
물결에 찰랑찰랑 흔들리는 어울림
가을 색 커피 한 잔을 들고
흔들리는 초록빛 풀밭에 앉아
황혼의 연정에 손을 들어 준다
방금 지나간 소나기처럼 짧은 청춘
돌아설 수 없이 겉도는 사랑 앞에
늙어 가는 아린 시련에 울컥하며
찻잔에 한숨 한 방울 떨어지는 파문
호수는 둥글게 원을 그리며 펼쳐지니
괜스레 커피 맛이 떫고 쓰다
그냥 그대로가 좋은 것을
매듭이 풀리지 않는 곡선처럼
감히 사랑할 수 없는 엇박자의 그리움

고요하던 호수가 찰랑, 찻잔도 찰랑
아마도 볼품없는 고백이 흔들리는 신호인 게다.

단오端午

성황당에 사람들이 모였고
막 모내기를 끝낸 이장댁에서 시루떡을 내오고
한 상 차려진 제단에서 동네 어르신이
성황당을 향해 풍년을 기원하는 제祭를 올린다

곱게 머리를 빗어 올린 누이들이
마을 어귀 느티나무에 매달린 그네에서
기막힌 소리가 하늘을 지르니
솔깃 솔깃 봄바람에 가슴 설레이던 그리움을
그네에 걸고 높이높이 하늘을 오르려
땅을 박차고 허공에 곧추세워 발을 구르고
남빛 치맛자락 옷고름이 휘날리며
비천飛天하는 선녀의 모습이 창공에 그려진다

그네가 지나치는 그 옆에서
상체를 벌거벗고 있는 형님 아저씨들
농사일로 다져진 근육이 불끈불끈
배지기 한 판
콩 꺾기 한 판

기합 소리가 동네 산 기세를 누르고
상품으로 나온 송아지가 꿈벅 꿈벅
씨름을 지켜보고 있는 한낮 햇살이 정겹다

봄꽃들이 활짝 피어 백화난만百花爛漫한 계절에
동네잔치가 아름다웠던 그 시절
그날이 단오였다.

죽순竹筍

차가운 달빛의 뽀얀 고요를 삼키고

하염없이 쓸쓸함을 바래 입다가

세상의 중심으로 가늠하는 잣대가 되는

대쪽 같은 기개氣槪에

얼마나 황홀했으면 죽순竹筍이 되었는고.

화려한 장식의 표현보다는

호젓이 비늘을 벗어내는 새싹의 꿈과

행여, 외로움을 비워내는 빈속의 충만으로

푸르게 치솟는 삶의 가슴에 박힌 생기生氣는

장엄한 사랑의 헌신獻身인 게로구나.

망종芒種

연둣빛 고운 빛깔이 나빌레라
춤추는 나비춤 해맑은 연애가
청보리 익어가는
보릿고개를 넘고 넘어
엄숙하리만큼 짙푸르게 배기는 신록에
가차없이 내리퍼붓는 땡볕의 구애는
아늑하고 그윽하다

잘 익은 보리 베어내고
모내기 마치면
아지랑이 연분이 피어나는 능선마다
꽃바람 간드러지게
향유를 끼얹듯 다가오면
보리 방귀도 신음소리 교태로
살포시 향내를 뿌릴 작정이니
설레이던 봄날은 이미 우르르
화창하게 익어가는 깔끄러운 시샘이다.

칠월 칠석七夕

촉촉한 아침
벌써 오작교를 건너 만났나 보다
일 년 내내 견우를 바라보며
그리움이 반짝이는 직녀를 바라보며
슬피 우는 은하수 건너 기다림 때문에
일 년에 한 번 만날 수밖에 없는 굴레로
시기하고 미워하고 질투를 넘어서는 감사가
고맙고 반가워서 할 말을 잊고 눈물부터 흐른다지

잠시 갈라진 틈새로 빼꼼 내비친 햇살에
해후邂逅를 풀어놓는 칠월 칠석

눅눅한 저녁
이젠 헤어져야 하나 보다
사랑했다가 또다시 떠나야 하는 아쉬움에
기다림을 염두에 두고 잘 지내라는
안부를 염려하는 대신 눈물부터 흐른다지
우리네 사랑을 눈물이라고 한다지
우리네 사랑을 이슬이라고 한다지

하늘에서 별 하나 따서 베를 짜듯 수놓고
하늘 목장에서 별들을 돌보며 가꾸는 목동처럼
가슴에 예쁜 별꽃으로 한 송이 피워내는 게
우리 사랑이지

견우직녀가 만나는 칠석은
까치, 까마귀 무리는 보이지 않고
촉촉하고 눅눅한 비가 내리는 날이 되었다고.

밤의 정서

밤은,
어둠이라는 묘한 습도로
밋밋한 감정을 적셔
촉촉하고 애틋한 촉수로 발기되고

못내,
달싹거리던 입술이 열리고
외롭다는 것에
그리움이라는 것에
육감적 근원으로 닿을 즈음에

팽팽한 리듬으로 긴장되어
함부로 대할 수 없는 고독은
삼투압에 저려진 불면의 호소로
짜디짠 소금기를 빼내는 일상이 표백되고

오늘 밤도
부디 내 곁에서 떠나지 말아 주오
그대 곁에 있어 평온한 새벽이 있다고

짜릿한 혓바닥을 내두르며
꿈꾸는 밤을 볼썽사납게 핥아댄다.

아, 달콤해라

또 하나의 사랑

이제는
다시금 사랑하려고
늘 가슴에 되새김질하던 아픔
이별한 자리에 멍이 든 흑백사진을 본다

잃었던 사랑 노래를 다시 불러 보니
분노가 있고, 미움이 있고, 아픔이 있고,
눈시울이 잠겨 있는 울음이 있음을
그런 사랑이라면 사양하겠다던
싱그러운 다짐이 솟는 기억

세월 탓에 느긋하게 바라보는 추억 풍경
그것도 아름다운 삶의 강둑이었음을
순백한 웃음으로 털어내고

바람 잘 날 없는 가지에도
벗지 못하는 묵은지 같은 아쉬움
촉촉이 젖어 있는 앙금
말갛게 남아 있는 그리움을 향한

소중한 물음표는
아직 꺼지지 않은 불씨로 남아 있구나.

그대, 상사화

그대는 그 예전
그 사랑 전설을 가지고
몇 생生을 돌고 돌아
분홍빛 고운 사랑을
올해도 꿈을 꾸며 가지고 오셨구려
무더운 여름내 섭섭하진 않으시지요

한 번도 만날 수 없었다는
사랑의 한쪽
어디쯤 가야 그대를 만날 수 있을까요
그나마 이렇게 꽃을 피울 수 있음은
기다리다 못해 길어진 꽃술로 날려 보낸
꽃바람의 인연은 아닌가요

그래도 돌아서지 못하는 시린 가슴
내게는 고마운 부러움이구려
하나가 되려 사뿐 날아올라 안길 그대여
끝나지 않은 사랑의 전령으로
내 안에 들어와 얼음 같은 외로움을 녹이고

뭉게뭉게 감사의 향기로 피어오르니
또 기다리지 못하고 꽃으로 피어납니다.

산통産痛

언젠가 문학을 즐기는 사람
여럿이 모여
이런저런 이바구를 하다
시詩 한 편 짓는 게 산통 같다 했더니
지긋한 중년 아지매가
아기도 안 낳아 본 남자가 무신
"어찌 산통을 알기나 해!"
지랄 같은 오지랖에
여럿 모인 모임은
산통이 깨지고 말았다
그 후로는 산통이라는 말은
내게서 삭제되어
깜박거리는 눈금이 되었다.

다듬잇돌

비 오는 날 즈음엔
어머니는 은비녀 지르시고
허리 바로 세우고
다듬잇돌 위에 홍두깨질 펴셨다
따닥따닥 몇 박자 가락이었는지
빗방울 화음에 그리도 잘 어울렸는지

정성으로 구김이 펴지는 방망이질
고단한 삶의 여정이 홍두깨 두드리는 소리에
팽팽한 윤기로 길들여졌는지
다듬잇돌 두드리는 소리가 멈추면

홍두깨는 밀가루 반죽을 밀어서
칼국수 먹는 날
웃음꽃이 따닥따닥
방망이 소리만큼 피었다.

여름 변주變奏

구름 한 점 없는 유리알
노을빛이 수상타 하였거늘
어떤 음모가 있었는지
칙칙한 허무의 빛깔을 내리깔고
삭이고 삭이던 울음이 터져서
굵은 빗방울이 빗금을 긋는다

빗금 친 사이로
바짝 웅크리고 있는 애증
우당탕 후두둑
여름 땡볕이 소나기로 변주되어 쏟아지고
요란하게 출렁이며 밀려들어
뙤약볕으로 치열했던 여름날 과오過誤가
욕망의 굴곡을 씻기고 용해되어 흘러간다

끝났다는 씻김 굿판으로
당연히 헤어지는 타협과 조율
빗방울이 가슴 문지르고 지나가면
애증에 아픈 흔적이야 사그라들지만

허물은 아직 머무르고 있으니
여름 변주가 악보도 없이
느닷없이 내리칠 것이 분명해
사뭇 두리번거리며 눈치를 본다.

커피 한잔에 사랑을 오려 붙이다

사랑이거니
겨우 헐벗어 낸 커피 알갱이를 빻아
걸러낸 커피 한잔에 살며시 내민 입술
첫 입맞춤은 화끈 뜨겁고 씁쓰름한 허기

좋아라
커피 한 모금 말갛게 입 안에 머물고
막 고백하려고 서성이는 음표의 가락은
달콤한 꿈이 녹아드는 정결한 자극
그윽한 품위가 절실해진다

그리움이라 하여
텅 빈 커피잔에 흔적 없는 순간
숨어 있는 묘한 감정이 흔들리는 긴 호흡
빈 잔을 두고 감도는 아쉬운 향기로
은은히 혓바닥을 헝클어트리는 여운

미련이라 하여
우두커니 찻잔만 바라보다가

짧은 옹아리로 토하는 물렁한 신음
입술을 깨물어
남아 있는 커피 향의 뒷맛으로 위로를 얻는다.

장마

며칠째 눅눅한 날들
마른 눈물 훔치듯
는개가 날리기도 하고
오락가락 빗줄기 뿌리다가
잠깐 햇볕 쨍하더니
휙 번쩍이는 번갯발 지나면
고막을 찢는 천둥소리에
하늘이 무너져 둑이라도 터진 듯
와장창 쏟아붓고
빗물로 매섭게 쳐들어와
세상을 휩쓸고 가는 새 강물을 만든다

고단한 궤적을 씻어내고
욕심도 비워내는 축축한 경지境地
비릿하고 신선한 냄새
남겨진 사연으로 깃털을 웅크리는 서막
꼼지락거리는 미물들이
'다시'라는 대기선을 바라보는
장마는 지리한 기다림이다.

빈 의자

짙어가는 가을바람 앞세우고
지저귀는 산새 소리 아래
노랗게 낙엽만 소복 쌓인 빈 의자
길모퉁이 인연의 물길이 스쳐
어느 나그네가 머물며
구수한 고독을 떨구고 간 자리에
누군가를 기다리는 넉넉한 여유

빈자리 옆에서
긴 세월 기다리던 설렘으로 정들어
파란 이끼로 유혹하는 돌부리 무게가
사랑의 등짐을 지고 무디고 지친 마음을
말갛게 씻는 빈자리에 앉게 한다

홀로 떠나는 인생길 빈자리를 만나
휘휘 젓는 발걸음이 잠시 멈추어
제자리에서 수행하는 잠언
또다시 나그네가 찾아와 앉을 배려를 위해
사랑은 떠날 때가 아름답다는 낙서를 하고
무심히 돌아갈 채비에 손을 들어 흔든다.

대프리카* 폭염

한여름 불볕이 제 몸을 풀자
삶의 기표와 담론이 녹아 버렸다
헐떡이는 숨쉬기
묵음의 눈빛만이 정체를 드러낸다
염천의 애꿎은 애무로
아스팔트는 말랑말랑
거무튀튀한 해독
그렇게 될 수밖에 없었다고
조롱기가 희미하게 배어 있다

목련꽃 피었던 자리
새 한 마리 쓸쓸한 곤두박질
축 처진 그늘도 옥죄이며
흔들거리는 하루가 휘청거릴 때
기다리는 마음
칠석날은 한줄기 비라도 내리겠지
어림짐작 처서處暑까지는
묵묵히
뚜벅뚜벅 걸어가야만 한다.

* 대프리카 : 아프리카 날씨처럼 지나치게 더운 여름철 대구를 비유적으로 이르는 말

4
커피 한 잔에 사랑을 오려 붙이다

노란 꽃

바라보면
그냥 그렇게 따뜻했습니다.
노란 마음이라고
살며시 접어 속내에 꼬옥 눌러두었지요

봄바람 살랑 불어
연둣빛 뭉클한 스스로 그러함에
속내를 핑그르르 돌아
행여나 행여나 돋아나는 노란 내음

마음과 생각의 엇박자 타령에 빗대어
소슬한 한기를 느끼는 회색빛 나이에도
속절없이 문지르는 연정의 숨결
어디에 봄을 탓하리오

용기 내어 따뜻한 마음으로
노란 꽃 한 송이 심었습니다
꽃봉오리는 밝게 피어야
꽃잎이 떨어지고 씨앗은 영글는 까닭에.

회색빛 연가

낙엽으로 떨군 채
앙상히 헐벗은 가지 사이로
잿빛 하늘이 그려지고
싸늘한 바람으로 맞닿을 때
조금은 우울해지며 피어나는 얼굴

늘 그러하듯이
당연히 고마운 사람
귀한 줄 모르고 보내던 시절

여백의 시간이 지나고 난 뒤에
눈시울이 뜨거워져
가슴 저리는 통증

축복이려니
귀한 선물 같은 사람
탈색되어 가는 머리칼을 헝클어
보고 싶습니다. 맴도는 안부
잘 지내고 계시지요.

물망초

사랑은
따뜻한 숨결 사이로
간질거리다 스쳐가는
바람 부는 풍경이어라

한없이 가녀린 불꽃으로
온몸을 촛농처럼
스스로 녹아 버린 그리움이어라

꽃잎이 시들어도 잊은 적 없었다
봄눈이 녹아 가도 잊은 적 없었다

이별은 슬픈 거니까
눈물 핑 도는
눈물샘을 돌아나오는 한 송이 꽃
나를 잊지 마세요. 물망초

물가에 앉은 수선화여

생각해 보렴,
손에 든 물이 쉬이 빠져나가듯
말 없는 불꽃으로 물가에 앉아서
몰래 숨어서 쉬는 숨소리는
무엇을 기다리는 공허한 거울인가
자기 안에 매여서 애석하게 버린
유한한 시간의 평화와
돌이킬 수 없는 사랑의 안식처로
물가에 반사되는 네 모습은
하늘이 비치는 외로운 전설을 맞고 있다
하늘 아래 새로운 만남을 전제로
최후의 축복을 기다리는 수선화여
오늘도 바람소리를 들으며 끊임없이
흔들리는 혼불이여
하늘은 너를 향해 뭐라고 할까
이제는 바라보기가 힘에 겹구나
남에게 인정받으려 하지 않고
자신을 사랑해야 하는 쓸쓸한 날들
너 보다 더 외롭고 힘든 이웃이 있음에

아직은 더 외로워져야 한다
삶의 경계에서 물기를 탈, 탈, 털어낸 진실
그 고뇌와 고독 속에서만 사랑을 만나고
최후의 축복이 내려지리라는 믿음으로
아침 이슬을 머금는 꽃잎은
정녕 아름다운 미소로 자유가 맴돌고 있으리라

비나리

울음 터질 듯 잠겼던 해질녘
서산으로 비켜서니
그리워서 그립다
읊조리며 떨어지는 빗방울이
고졸히 찻잔에 우려내는 맛

부디 사랑하며 행복하리라
간절한 염원으로 비나리가 된
옛사랑의 노래가
조봇한 등불 아래서 잊어야지 하면서
조각조각 맞춰지는 그리운 얼굴이
곰살맞게 찾아드는 간지럼

추적추적 내리는 빗물처럼
옛 노래를 밤새 실컷 부르고 나면
비 갠 아침 신선한 바람 지나듯이
먹먹한 가슴도 시원해지려나.

버릇

딸깍,
고요의 스위치를 켠다

부재중 그 빈자리
콕 콕 옆구리를 찌른다 따끔따끔
사지四肢가 탈수된 체 아프다

익숙한 쓴맛
제멋대로 설레발이
단련된 맛이라 달다고 토한다.

건조하게 저물어 가는
하루 또 하루
붉은 유리등 안에 갇힌
외로움
두리번거리는 가려움증
허벅지를 벅벅 긁어댄다.

비가 온 후

먼

팔공산 봉우리

미세한 번뇌로 뿌옇게 혼미하더니

비가 온 후

동공 속에 피어나는 선명한 장엄

고스란히 도시를 품는 자태에

홀로 선 나는

아련한 기억을 더듬어서

맑은 그리움 속에서 한 여인을 품는다.

권태

창백한 날

창문을 열고

창턱에 책을 무심히 편다

한 번씩 다녀가는 바람결에

책장이 팔랑거리고

봄볕이 비켜 돌아서 비추는

노랗게 살랑거리는 수선화

연둣빛 속삭임을 대신하는

기지개

눈빛을 언덕 너머로 던진다.

바람개비

생채기쯤으로 남아
고이 접어 말아 올린 맵시
어루만져
마음도 주기 전에

밝은 햇빛
맑은 바람에도
뱅글뱅글 돌아가는 팔자八字

줏대가 없어
훅—
어떤 정체 모르는 입김에도
변덕스럽게 제멋대로 팽그르르

사무침이 없이
자신을 버리고 돌아가는 세상
그냥 웃으면서 바라보고 있다.

다시, 시월의 밤

발갛게 달아오른 마음의 끝
단풍 들어 한 잎 한 잎 떨어지고
서늘한 바람에 삐걱거리는 허전함

홀연히 떠난 사랑에
삐딱하게 눈물 삼키며 굴복했던 시절
마음 아팠지

마음속에 멍든 꽃 한 송이라도
아직 피어 있기에 다행이라는 그리움
이제는 가볍게 지나가리

세상이 변한게 아니라
얼굴 주름 하나 생기면
마음 주름 하나 펴지는
세월의 순명順命을 알아가는 까닭인 게지요.

입추立秋

설익은 가을 냄새에

단풍으로 색칠하려는 숲속에서는

가을 향기를 부추기는 풀꽃들이

징 징 앓는다.

가을이 서는 날

헤어지는 분기점에

풍요한 결실을 소망하면서

한 톨 한 톨 씨앗을 털어낼 준비

여름이 떠나는 인사 속에서도

다시 돌아오리라는 약속 웅 웅

가을 뜰에는

서로를 기억하려고 열매가 맺히는 게다.

벌초 길

고향 영월을 찾아 벌초를 마치고
되돌아가는 길목
청령포 나루에 잠시 눈길을 멈춘다
세상에서 뚝 떨어진 외짐
고색창연한 물결의 경건한 흐름
오랜 역사가 고고히
비밀스럽게 침묵으로 흐르는 강

만만한 돌멩이 하나 줍고
"쨍" 깨지는
차가운 얼음 같은 입맞춤
몇 번을 첨벙거리다 가라앉은 물수제비

무덤의 풀을 베어서 깨끗이 다듬어 불러도
가버린 사람은 대답은 없는데
강물이 흘러가듯 세월의 더미를
물수제비 같이 스쳐 넘어온 세상살이
무엇을 움켜쥐고 놓지 못했는지
몸부림치며 앙감질로 버티어 낸 주름살

이제는 고향에 돌아가고 싶다는
반백 초로初老의 상념을
묵묵히 흐르는 물결 위로 띄워 본다
흘러가는 세월을 막을 수가 있으랴.

외로움이란 게

보고싶다.
라는
모래시계를 벽에 못을 박아 걸었다

사르르
모래가 흐르는 사막을 걷는다
막막한 모래사막 위에서
존재의 왜소함
그래서 보고프다 목마름

한쪽으로
모두 흘러내린 모래의 양
한정된 시간
그만큼 허허로움
홀로 닦아내는 쓸쓸함

중독된 맛
벽에 걸린 모래시계를
또다시 뒤집는다.

멍 때리기

늘 그렇다
변화무쌍變化無雙 피고 지고
급변하는 디지털 울타리 주변
이것저것 비밀번호로 틀어막고 사는 날들
너무 복잡해
헷갈려
모자 쓰고 선글라스로 변장하고
CCTV 초점을 벗어나려는 독립운동
멍청해지지 않으면
곰국 끓이듯이 탈탈 소진되어가는
영혼에 절구질
넋을 놓고
비워야 하는 마음
올려다보지 말고 눈 아래로
뿌옇게 내려앉은 실종을
하염없이 바라보며
조각조각 나에게로 돌아가는 시간
멍 때리기

하현달

온전한 보름이
허물어지자
그믐으로
가라앉는 하현달
몰래 도망간 아내의 비웃음처럼
싸늘하게 덜어내는 그림자에
어둑어둑 깊어가는 어두움
불변의 사랑을 기다리다
아름답게 헤어진다는 넋두리
기꺼이
어쩔 수 없다는 달무리

아련한 슬픔

짧은 입마춤 끝에
끌어안은 채 이별하는 애증
낭만적이어야 한다고
공연이 끝난 무대 위에서
애써 멋쩍게 덤덤하려던 풍경
순간 아팠지
오랫동안 헤매이고
살아가는 꿈마저 도난당한
잃어버린 세월에
길게 줄을 긋고 혐오로 고개를 쳐올리니
몇 해 전 재혼을 했다는 소식이
따끔하게 통증에 부딪히는 흔적
다 녹지 못한 아련한 슬픔
한숨이 또아리를 튼 도마 위에
예리한 칼날 끝에 싹뚝 잘리는 맛
이제는 알 것 같아
다시 돌아갈 수 없는 길을 가고 있다는 걸.

옥수수를 먹다

고향에 눌러붙어서 농사를 짓던 인척이
옥수수 농사를 마치며
옥수수 한 상자를 택배로 보내왔다

어스름 해질 무렵
감자 삶아 놓고 된장 찍어 먹고
옥수수를 삶아 알알이 뜯어먹던 어린 시절은
한때를 노리고 기다리던 복병 같은 끼니였다

옥수수를 찧어 밥을 할 때
쌀과 섞어 잡곡밥으로 먹던 날들
철부지의 맛은 비릿하고 달달하던 억하심정
이후 질렸다는 말로 눈길을 돌렸던 옥수수

택배 상자에서 옥수수를 꺼내서
껍질 같은 겉옷을 벗기고
속옷을 벗기니
수염으로 은밀하게 덮고 있고
수염을 헤치자 하얗게 드러내는 알맹이

윤기 번지르르한 허영을 벗고
겹겹이 감춘 속살의 향기로
알맹이에 감추어 둔 백옥처럼 흐르는 윤기
마치 어둠 속의 빛과 같은 해맑음이었다

세월을 더듬어 기억하는 이제는
신성함과 하찮음을 가늠하는
삶의 빈 접시에 삶은 옥수수를 올려놓고
꿈이 영글어 가던 행복을 알알이 뜯어먹는다.

5

11월, 그 맞춤법

떠나는 날은

갈색 향이 살랑 떨어지는 아쉬운 여운
영혼 속으로 파고들어
나이 계산법을 헤아릴 즈음에

갈바람에 뒹구는 낙엽을 밀어내는 일이
별일도 아니건만
간밤 내린 빗방울에 젖은 잎새

어찌 하시려나
촉촉이 노을을 바라보는
설렘 같은 수줍은 아린 미태媚態

바짝 마르다가
물기를 머금고 있는 사연을
가을볕에 올려놓았다

아차,
울컥 토해내는 실연의 맛
불가해한 슬픈 유혹.

홀로 사는 일

자유롭다는 이유로
불편한 구속에 대항하여
홀로이기를 꿈꾸는 초상肖像들의 고백
한 세상 이지러진 채 사는 거
태초로 가는 원시의 고향이라고
혼자 밥을 먹는 게 너무 익숙해
누군가 마주앉아 먹는 것이 거북해지는
삶의 백지에 홀로 그리는 낙서

혼밥 혼술 그런 날들의 외로운 노래
혼밥은
끼니가 되기도 하고 식사가 되기도 하고
혼술은
낭만이 되기도 하고 고립이 되기도 하지만
따뜻한 간섭을 그리워하는
차마 뱉을 수 없는 속내

울컥하고 터지는 그리움의 홀씨들
홀로 살며 자유롭다지만

늘 정情을 덧칠하고 싶은 마음
함께 기대어 사는 이웃이 되고 싶은 거
꾹 눌러 어쩔 수 없이 견디고 있는 거지.

여자가 담배를 피울 때

아스라이 조각난 기억의 파편은
세월이 쌓이고 쌓여
잊었노라고 살아 봐도 옛사랑은
슬픈 운명이 되어 버린 적막이
뿌연 담배 연기로 혼탁을 음미하고 있는 여자
섬짓 가볍게 전율을 느낀다

술잔을 놓고 담배를 피우는 여자는
그 몸짓, 그 얼굴, 그 목소리가
한 때에
살 섞고 함께 살아온 것 같은,
가쁜 숨결 속으로 스며드는 사연이
수줍게 웃던 내숭을 버렸다

고독으로 충전되어 중년이 된 여인이
세월을 바라보며
작은 불꽃으로 타오르는 담뱃불처럼
흔들리며 피어오르는 여인의 향기는
쓸쓸한 마음에 꽃 한 송이 피우는 일

사라지는 연기는 애잔한 미열로
여자의 한숨마저 끌어안고 사라진다.

한로寒露

한여름 심장 속까지 불타던 더위에
시간이 허물어지던
몇 차례의 태풍이 휩쓸고 가니
날조된 통속한 시대에도 어김없이
한 점 바람이 몰고 와
차가운 침묵이 고여 맺히는 한로寒露

성큼 드리우는 계절의 서열 맞춤
청명하고 고운 가을빛 하늘
한자리에 우뚝 솟아
단풍으로 그리움을 물들이는 붉은 산
알알이 가득 찬 열매들의 풍요

곡식을 거두는 바쁜 일손들
막걸리 한 사발에 행복한 농부의 웃음
행여 마음이라도 동행할까
가을 담은 찻잔에 꽃잎을 띄워 마셔 본다

아름다운 계절에 싸늘한 찬이슬의 서막에

빙점의 단도리로 익숙한 몸짓
숙연히 옷깃을 여민다.

11월, 그 맞춤법

늦가을,
무심한 붉은 그리움에 기대었던 궂은날
허공에 빚어진 까치밥의 에필로그
정겨운 달콤한 맛
너마저 보내야 할 때가 되었는지
탈색된 낙엽들이 쿨럭거리는 징조가 예사롭지 않다.

숫기를 내뿜어 푸름이 일렁이던 논밭이
순결 같은 고운 열매를 건네고
공허한 음률로 아스라한 씨앗이 뿌려지고
홀라당 벗은 채 허허벌판으로 드러내어
가끔 철새 무리가 알몸 노랫가락으로 사뿐 머문다

바짝 마른 나뭇가지에서 피어나는
황금빛 노을 한 송이
너울너울 희미해져 가야 할 순애보 악장樂章
서럽고 싶다 움찔거리던 진한 감동이
끝내 하얀 서릿발로 솟구쳐 내리덮으니
사라져도 좋다는 쓴웃음이 입술을 일그러뜨린다

까탈스러운 베토벤의 교향시 같은 편식이 시시해지는 무렵
푸른 시절의 뒷맛이 새큼하기만 할까
깨금질 하듯 벗어 놓은 세월의 옷자락에서
눈물의 습도를 높이는 소소한 정情으로 남아
정갈하게 다듬어가는 계절의 법치로 꾸며지고
정념을 황홀하게 했던 천연天然의 사색도
하얀 언어로 조탁되는 11월의 맞춤법.

반투명한 외면

흐릿한 날 교회 예배당에서
다시 되돌아가고 싶다고 기도를 했다
단지 예감만으로 독백이 너무 거칠고 흐릿했다

시시각각 여울거리던 오만에 압도되어
정강이가 뚝, 지혜의 우둔
부러진 다리, 겸손의 기만
그리고 멈춤, 이성의 협작
결국, 또다시 무너진 쉼
무중력 무기력 희미해진 시야視野
한 걸음도 내딛지 못하는 우연이 아닌 필연
더 이상 갈 수가 없다

본디 할 수 있다는 형식의 퍼즐은
옹졸한 비관이 빚어내는 회색지대였음을
회한으로 보자기를 덮는다

시효를 다해 흐르는 망각처럼
점 하나 마침표를 훔치고자
자리에 눕는다.

위험한 자존심

이 생生에 다시는 오지 않으리라
이율배반의 정점에서 대책 없이 맞장을 뜨다
보이지도 않은 신神을 부르며 꼬꾸라진 탓에

사람들도 만나지 않으리라
인간이 되길 거부하며
금수저 흙수저 타령조로
잘난 사람 못난 사람 패거리로 사용되었던 탓에

맑게 사는 게 이해타산의 빨대로 이용되었던 탓에
이제는 서릿발 치는 고뇌와 고통일지라도
동행도 없이 절룩거리며 비틀거릴지라도
혼자이기를 원하노라

고요와 소요를 넘나들다 패자라는 흉터만 남기고
먼저 말없이 떠난 이들에게
장마 구름에 안부를 전하며
내게 열린 영혼의 모든 창문을 닫는다.

인공눈물

잿빛 그리움이 가득한 하늘이
울먹울먹거리더니
눈물 맛을 닮은 는개가 날린다

눈물 근원에 뿌리를 내린 채
머뭇, 머뭇거리다
우유부단 그럭저럭 살아온 날들
아픈 슬픔으로 솟구치는 저항은
설움에 이슬처럼, 상처에 진물처럼
눈물샘을 퍼내고 퍼내더니

그러는 사이에
나무껍질처럼 두꺼워지는 나잇살
수액이 메말라 눈이 뻑뻑해지고
인공눈물이 헤퍼졌다.

쫓아가는 세월은 어리석음에 성급했고
가던 길을 멈추고 난 뒤에
내 시간도 식어 가고 있었음을 알게 되고

그제야 눈물 맛이
아픈 슬픔이란 걸

눈물 같은 는개 내리는 거리에서
눈에 밟혀 지나간 세월이 따끔따끔 비애로
시큰거리는 동공에 인공눈물 한 방울
뚝
뚝.
·

횟집에서

오두막에 살면서 중생을 향해
편지를 쓰던 노승의 다비식이 있던 날
비릿한 횟집에 앉았다.

살아 있는 천상계를 질투하는 아수라
소름 돋는 오싹함에 길들여진 무감無感은
은밀한 방에서
은밀히 날것의 껍질을 벗겨내고
은밀한 살갗을 드러내고
난도질당한 물고기 육질이 식탁에 올려졌다

빌어먹고 살아야 한다는 삶의 텃세로
두렵고 힘들어서 포기하고 고뇌하는 때에도
약육강식 생존의 원리는 강자의 몫으로
세상 먹잇감으로 영혼까지 작살질 당하는
약자라는 몫으로 겪어야 하는 고뇌는 묵언으로

오두막에서 날라온 편지는
是甚麽 오랜 화두는 무너지는 자존自尊을

바로 세우고 일어서는 불씨였는데
사리를 쏟아내는 불살라 먹힘으로써
공空의 바라밀다
육신의 투체投體라는 공허한 엇박자의 표기가
날것으로 횟감에 오르는 서럽고 서러운 날
고기 살점을 진홍빛 초장에
빨갛게 발라서 꼭 꼭 씹어댄다
근기根機의 한계는 여기까지입니다

질책하듯 입안에서 감도는 바다 냄새가 울컥
독주毒酒로 입안을 헹궈내는 자책自責으로
날것의 비린 맛을 삼켰다.

좀 더 진하게

지난여름이 저물어 가는 숲속에
어둑어둑 어둠이 내려앉을 즈음
찰랑찰랑 물결치는 소리 그리고
누군가 초록 알몸을 씻고 간 흔적

밤새 부끄러워
발갛게 달아올라
온 산이 단풍

팔짱을 낀 채
도도히 의심스러운 눈을 몇 번 깜박이다
제법 쌀쌀하게 스쳐가는 바람이
준엄한 자연自然인 듯

설익은 겨울 문안 소식에
아직 마르지 않은 촉촉한 가을빛 물감을
좀 더 진하게
커피잔에 풀어 넣는다

밤비는 섹시하다

빛을 떠나
어두워질수록 또렷해지는 빗소리
가을 낙엽을 적시며
어둠을 적시고
고독의 포만감을 적시고
숨어 있는 은밀함마저 적시며
소리로 내리는 빗물
가로등 불빛에 살짝 모습 드러내어
빗방울이 튀어나는 요염한 물보라
비워도 채워지고 채워도 비워지는
공허한 가슴을 흠뻑 적시며
발기되는 고요를 핥고 가니
하염없이 흥건해지는 체온을 웅크리며
켜켜이 터지는 젖은 신음
고요한 어둠의 여울목을 건너는
밤비 너는 수상하게 섹시하다.

첫, 그리고 애틋한 흔적

첫사랑 그녀에게 고백하던 날
차갑고 날카로운 얼음이 박힌 길 위에
폴폴 날리던 눈송이
뽀얀 깃털처럼 소복소복 쌓여 있을 때
첫, 그리고 처음의 빛 순백으로
미끌미끌한 눈길이 피아노 건반처럼 밟히고
뽀득뽀득 하얀 침묵을 읽어 가던 밀어
어설픈 고백에 수줍던 몸짓
난 모르겠어
부풀어 오른 젖가슴에
입술이 열리고 혓바닥의 붉은 돌기들이
어루만지듯 더듬어 가던 간지러운 순간이
빛이 죽어 가는 흑백으로 남긴 기억으로
헤어지는 실마리가 되어가는 줄을
삼십년 후 해후 곱게 늙어 가는 중년 여인으로
살아온 날에 많은 일들이 있었다고
생사를 넘는 사선을 넘었다고
아무튼, 암癌으로 붉은 제사 의식
그냥 고깃덩어리로 싹둑 잘려 나갔다네

내가 달빛 주술에 엄지를 베어 밸은 피눈물처럼
두렵고 무서웠다고
열아홉 순정이 좋아했던 그 애는 여자가 되어
짝짝이가 된 젖가슴을 파란색 브래지어를 한다네
다시 주어진 부활이라고 십자가처럼 살아간다 하네
가증스런 일용할 양식의 음식들 앞에
엄지 없는 오른손은 젓가락질도 버렸는데
아직도 그 시절 감정에 주절거리는 젖내
애틋한 흔적에 기다림이 증발한 건조함은
폴폴 눈 날리는 공허에 기억의 박제가 필요할 뿐.

상실의 공간

한여름날
칠 년 동안 알콜병동에 맴돌던 중독자가
묵은지 한 포기를 건네며
꽁치통조림을 넣은 김치찌개가 먹고 싶다고 했다

뼈와 살이 흐물흐물해진 꽁치처럼
날카로운 칼날 같은 세상을 도망치듯 비켜선 알콜병동
영혼마저도 부패되지 않을 만큼만
지루한 일상이 약물로 절여진 통조림 같은 세월

팔딱거리던 푸른 생선이 칼날에 토막 나고
깡통 속에 절여진 시간과
묵는지처럼 삭은 절망의 감정들을
싹둑싹둑 잘라서 뚝배기에 넣고
세상 매운 맛이 어떨지
청량고추를 분질러 넣고 보글보글 끓인다

얼큰한 통조림찌개 한 숟가락으로
말뚝에 박혀 취했던 세월을 잠시 달아난다

기초생활 수급자라는 간헐한 수혈로
또다시 취해서 돌아갈 상실의 공간 앞에
세상에서 누가? 무엇이?
부패되지 않을 만큼 중독되어 절여지는지
배배꼬인 여름날
가장 추운 겨울 매듭을 풀어놓는다.

곡기穀氣를 끊다

어린 시절 어느 날
동네 면장面長 댁 어르신이 곡기를 끊으셨다고
혼자 할 수 있는 움직임이 불가능하자
스스로 고告하고 골방으로 들어가서
음식 일체를 거부한 채, 의식할 수 있는 만큼
신변 정리를 한다고 했고
동리 사람들은 큰소리를 내거나 흥이 나는 가락을 자제하며
다음 여정을 차분히 준비했다
곡기를 끊은 며칠 후 어르신은
세상마저 끊으셨다고 하늘 길을 가셨다고
동리 사람들이 모여 왁자지껄 위로하는 문상이
잔칫집과 별로 다른 게 없었다

스스로 죽음을 선택했고 선택할 수 있도록
무언無言의 배려가 있었던
옛사람들의 행적이 기억 한 부분에 있다
불효로 낙인되고 구전되어 온 고려장高麗葬도
배려가 용인된 존엄사尊嚴死였을 거라는 짐작으로

난무한 속설俗說에 매듭을 짓고 싶은 까닭이다

곡기를 끊는 선택은 초월이나 해탈은 아니지만
신고려장으로 불리어지는 요양원이나 요양병원에서
의학적 생명에 기준선에 맞추어
인공호흡기나 콧구멍에 줄을 끼워서 유동식流動食을 넣고
연명 시키는 고통은 스스로 그러함에 역류하는 무덤이다

사주팔자 운명이라는 족쇄로
혹은 창세기 원죄의 원리로
스스로 선택하지 못하고 선택당하며
빛의 그늘로 굴절되며 살아온 삶에
때가 되면 싸늘한 저항으로 곡기를 놓으리라
스스로 선택할 수 있는 한 점으로 떠나리라

고독사

찬바람이 휘몰아치는 날
추운 방바닥에 익숙한 침묵
두 손 탁탁 털고 일어서도
갈 곳이 없다.
슬픔은 아니지만 쓸쓸한 공허
그냥 답답한 마음에게 편지를 쓴다
외로워서 외롭다고
외롭지 않은 사람 어디 있을까마는
허전한 일상으로 상한 응어리들
따뜻한 마음으로 달래지 못해서
헝클어져 추스르지 못하는 애석함
쏟아내는 울음은 혼족의 진화
목줄을 감아 몸살을 앓는 고독은
어느새 친숙해진 노을빛 정령으로
남은 인생을 청산淸算하는 서정의 엘레지
외로운 여생을 배웅하고
죽음으로 쓸쓸한 고독사孤獨死라고.

상강霜降

울긋불긋 산천을 물들이고
국화꽃 향기 물씬 나는 풍성한 들녘에
하늘에서 내리는 마침표는
섬짓 가위에 눌려
선인장 가시 같은 적막으로
숨소리가 판금되어 서 있는 허수아비처럼
가을을 접는다.
풍성했던 녹음에 어깃장이
하얀 시샘으로
날선 날카로운 빛이 감돌아
서리가 내린다는 날
묵묵히 저물어 가는 가을날을 배웅한다
푸른 나무 그늘에서 늙어가는 세월을
거스르는 결례缺禮를 멈추고
아린 마음에 나를 찾아가는 가을걷이를
주섬주섬 시월의 햇살 아래서 주워 담는다.

Gaslighting

네온 아래
촛불이 혁명이 되고
중국산 괴질이 신천지가 되고
바닷길에 잠긴 세월歲月이
돌아오는 세월마다
'미안해'를 갈구하는 징조

전지적 함구령
점점 이상해지고
내 생각은 없어지는 거야
반복적으로
사과하게 만드는 심술통이

너 때문에 이렇게 된 거잖아
얄팍하게
뒤집어씌우고, 뒤집어씌우고
젠체하는 막돼먹은 꼴사나운 세력
간교한 깃발 뒤에 숨은 Gaslighting

우중충 먹먹하게 흐리고
비 오는 날은 너희들의 장날이지
장맛날 길어야 석 달 열흘
노아의 방주 안에는 오로지 하나의 창窓
빛 들어오는 통로쯤은 있지.

해설

서정의 무늬

김동원 시인·평론가

해설

서정의 무늬

김동원 시인·평론가

들어가는 말 - 기억의 보물 창고

시의 언어는 시간과 공간을 통과한 시인의 무늬이다. 온갖 기억과 흔적의 방식으로 행간과 연을 직조織造한다. 서정시는 개인사의 기록이자 '기억의 보물 창고'이다. 어린 날 동짓밤 보름달을 바라본 아이는, 얼마나 아름다운 시인인가. 아침마다 산 위로 붉게 떠오르는 해를 바라보며 행복해 하는 사람은, 그 자체가 시이다. 겨울 흰 눈이 지붕을 덮고, 장독대를 덮고, 온 마당을 덮고, 천지간 백설의 세상을 보여줄 때, 그 황홀함이 서정이다. 좋은 서정시는 사물에게 귀기울여 고요히 들을 때, 불현듯 첫 행을 얻게 된다. 오랜 응시와 사색은 자신만의 독창적 세계를 낳는다. 서정시는 사랑을 꿈꿀 때, 가장 설레는 언어가 된다. 꽃봉오리 사이로 흘러내리는 봄비는 시의 음악이다. 우전차를 마시며, 매화 꽃잎들이 빗물을 먹는 소리를 듣는 것은 행운이다. 사랑하는 아내는 술상을 보고, 곁에 희게 웃는 자식들은 떠들고, 맑은 영혼이 방안을 가득 채울 때, 그것이 서정시이다. 그냥 파란 하늘이 좋고, 그냥 흘러가는 구름이 좋고, 그냥 저녁노을이 산정에 물드는 것이 좋은 사람은, 이미 시인이다. 봄내음 물씬 풍기는 도시의 지상철 너머로 연둣빛이 보이고, 노란 유채가 옥상 위에서 피고, 개울물 위로 오리들이 놀고, 역마다 사람들이 타고 내리는 그 정겨운 리듬을 보는 것은, 참으로 시적이다. 이따금 바다로 가는 기차를 타고, 수평선 너머로 건너가는 꿈을 꾸는 사람은 행복하다. 서정시는 언어의 바다이자 물결의 음표이다. 우리가 이 시대에 서정시를 그리워하고 호명하는 이유는, 감동이 있기 때문이다. 서정시는 시대를 초월하여 조화로운 세상을 꿈꾸게 한다. 경칩 무렵 밤 논두렁을 걷다가, 문득 수백 마리 개구리들이 합창하는 소리를 밤별들과 나란히 듣는 시간은, 얼마나 귀한 풍경인가. 좋은 서정시는 사람들의 상처를 치유하고, 까맣게 잃어버린 기억들을 복원하여 준다. 두고두고 읽어도 또 보고 싶은 시가 서정이다. 서정시는 상상력을 타고 시인의 마음대로 가보는 무지개이다. 언어를 통해 자신의 호흡으로, 그 이미지와 의미들을 새롭게 만져 보는 작업이다. 사실의 세계를 지나 진실의 세계 너머에 닿는, 그저 아득히 사라지는 메아리가 서정시이다. 시는 침묵한 사물 너머에 언제나 미완성으로 존재하는 경계의 말이다. 시인은 대상을 통해 현실을 재구성하거나 굴절시킨다. 하여, 사물의 언어와 시인의 언어는 같기도 하고 다르기도 하다. 현대의 무수한 난해한 시들이 판을 치는 오늘의 시단에, 사뭇 비켜난 풍경들을 모아 놓은 박병구의 시집 『그냥이라는 말은』 그래서 의미와 울림이 크다. 그 시적 사유의 그리움과 외로움, 슬픔과 행복의 노래는 줄곧 서정시가 지향해 온 길과 일치한다.

그냥이라는 말은

이번 박병구 시집 『그냥이라는 말은』 속에는 다양한 주제의 시들로 짜여져 있다. 「정월 대보름」을 통해서는 동짓밤 이야기들이 "함박꽃"처럼 환하게 누리를 비춘다. 시 「그런 사람 있어」는 점층과 은유를 통해 '일상'을 아름답게 살아가는 "그런 사람"의 내면을 행간에 담아냈다. 「벚꽃, 꽃비로 물들다」는 활짝 핀 벚꽃을 "천진난만"한 웃음을 선사하는 아이들과 그 순수함을 일치시켰다. 「경포호鏡浦湖에서」는, 아름다운 경포호를 중심으로 펼쳐진 풍경과 거리의 이야기들을, 긴 율조의 리듬으로 멋지게 형상화하였다. 특히 「그냥이라는 말은」, 시인의 말에 대한 사유와 사랑에 대한 따뜻한 시선이 돌올하다. 사랑은 사람과 사람 사이의 가장 아름다운 일이다. 깊은 배려와 감동과 떨림을 상대에게 전할 때 더욱 빛난다. 시인은 내면의 소리를 듣고 언어로 드러내는 자이다. 삶은 누구에게나 외롭고 그립고 쓸쓸한 공간이다. 하여, 좋은 말 한마디에 생기를 얻고, 그 여운으로 하루의 기쁨을 누린다. 준비된 시인은 항상 길을 가다 홀연히 시를 듣게 된다.

사랑할 준비가 되어 있을 때
그냥 좋아서라고
솜사탕이 스르르 녹는 맛
무중심의 디딤돌로 달빛에 젖어가는 느낌
촉촉하게 그냥이라고
고운 숨소리로 단아하게 결론짓는 예쁜 미소
부끄럼을 접고 함초롬히 뱉는 언약

그냥이라는 말은
소금끼가 빠진 눈물처럼
어떤 의미도
어떤 논리도 없이
마음이 가는 대로 감정에 충실한 속내

그냥은

맑은 하늘에 담겨져 있는 속삭임처럼
차가운 비에 젖어 쓰러진 풀꽃들에게
기다림이라는 의미가 되는 자위로
매콤한 세월을
버려두고 가는 아름다운 시절의 시詩

그냥이라는 말은
따뜻한 커피잔에 맴도는 은은한 향기로
쌉쓰름한 입맛에 달콤한 여운이 남아 있는
그냥 그렇게
그냥 있는 그대로 투명하게 솟아나는
옹달샘처럼 입속에서 피는 사랑의 꽃망울
그래서 그냥이라는 말은 그냥 좋다.

—박병구, 「그냥이라는 말은」 전문

시 「그냥이라는 말은」 "어떤 의미도 / 어떤 논리도 없이" 그냥, 시인과 시에 대해 "마음이 가는 대로" 감정을 드러낸다. 그렇다. "사랑할 준비가 되어 있을 때" 우리는 "그냥 좋아서"란 말을 무심코 떠올리게 된다. 무슨 까닭인지는 모르지만 "솜사탕이 스르르 녹는 맛"처럼, 그냥 한 구절의 아름다운 시가 떠오른다. 시인은 그냥 "달빛에 젖어가는 느낌"으로, "버려두고 가는 아름다운 시절의 시詩"를 읊조린다. 시에 대한 고뇌와 절망이 아니라 "그냥이라는 말" 속에서,

기다림의 향기를 맡는다. 시는 "따뜻한 커피잔" 속에도 있고, 그 "은은한 향기" 속에도 있고, "차가운 비에 젖어 쓰러진 풀꽃들"에게도 존재한다. 이처럼 서정시는 여기에도 있고 저기에도 있다. 하여, 시인은 "그냥 그렇게 / 그냥 있는 그대로 투명하게" 입속 말로 시를 중얼거린다. 이 세상 가장 자연스런 말로 "그냥" 읊조린다. "옹달샘처럼 입속에서 피는 사랑의 꽃망울"이 서정시이다. 박병구의 「그냥이라는 말은」, 어쩌면 세상의 안과 밖의 그리운 얼굴들을 젖은 가슴으로 노래하였는지도 모른다.

난설헌

시에 있어 전통의 계승은 아름다운 일이다. 낡은 것으로 치부하지 않고, 아득한 역사의 저편에서 시를 길어 올리는 마음은, 분명 귀한 작업이다. 현대는 새것에 너무 빠르다. 쉼 없이 만들고, 쉼 없이 버리고, 쉼 없이 교체된다. 그러나 한 발짝 떨어져 생각해 보면, 근본이란 얼마나 지키기 힘든 일인가를 알게 된다. 박병구의 또 다른 중요한 시적 주제는, 고향 강원도를 중심으로 더듬어가는 추억의 시편들이다. 그 중 「난설헌 허초희 할매를 만나다」는, 수백 년 시공을 훌쩍 뛰어 만난, 조선 여류의 최고봉 '허난설헌'의 슬픈 이야기이다.

강릉 초당동 허난설헌 생가에는
고택의 고풍스런 분위기가 아니라
왠지 조각조각 꾸며진 조립식 느낌을 사이로
세월의 그늘을 헤집고 들어서니
예사스럽지 않은 애절한 풀벌레 소리
무성한 그리움으로 한 획을 긋는 묵선墨線이 가른다

조선이라는 소천지小天地에서
여성으로 보통 사람의 아내가 되었음을
분통했던 허초희 할매를
초당골 생가터에서 분절된 세상 밖으로
허난설헌許蘭雪軒의 비碑로 만나며

짧은 생
애끓는 원통한 피눈물에
스물일곱 해 목마르게 살다가 꽃망울인 채 떨어진
세월이 쌓인 이끼 틈에도
변색되지 않은 화선지로 남긴 먹물의 절창
부용꽃 스물일곱 송이 붉게 떨어지니
척박한 땅에 씨앗으로 다녀간 이방인의 몫을
죄의식의 동지同志로 다가서려는 순간

바람처럼 삶을 살아온 영혼들의 여백에
쓸쓸했던 세월을 만지며

그렁그렁 별빛으로 쏟아지고
지나가는 세월의 울음이
낮은음자리로 어둠의 목젖을 누르고 있었다.
—박병구, 「난설헌 허초희 할매를 만나다」전문

아마, 박병구 시인도 허난설헌(조선, 1563~1589. 난설헌은 호號, 초희는 자字)의 「곡자哭子」를 읽었을 터이다. 자구마다 행간마다 어린 남매를 잃은 어미의 참척의 심정이 비통하게 번져 있다. 전문을 인용한다.

去年喪愛女(거년상애녀) 지난해 사랑하던 딸을 여의고
今年喪愛子(금년상애자) 올해에 사랑하던 아들 잃었네.
哀哀廣陵土(애애광릉토) 슬프고도 슬픈 광릉의 땅이여
雙墳相對起(쌍분상대기) 두 무덤 마주보고 나란히 섰구나.
蕭蕭白楊風(소소백양풍) 사시나무 가지에 소소히 바람 불고
鬼火明松楸(귀화명송추) 귀신불은 숲속에 반짝이는데
紙錢招汝魂(지전초여혼) 지전을 뿌려서 너희 혼을 부르노라.
玄酒奠汝丘(현주전여구) 너희들 무덤에 술잔을 붓노라.
應知弟兄魂(응지제형혼) 아! 너희들 남매 가엾은 외로운 혼은
夜夜相追遊(야야상추유) 생전처럼 밤마다 정답게 놀고 있으리.
縱有腹中孩(종유복중해) 이제는 또다시 아기를 가진다 해도
安可冀長成(안가기장성) 어찌 무사하게 기를 수 있으랴.
浪吟黃臺詞(낭음황대사) 하염없이 황대의 노래 부르며

血泣悲呑聲(혈읍비탄성) 통곡과 피눈물을 울며 삼키리.

스물일곱에 생을 마감한 비운의 천재 여류 시인 허초희는, 딸이 죽은 바로 다음 해에 그녀의 아들도 죽었다. 하필이면 그때 그녀는 셋째를 임신한 상태였다. 극도의 스트레스를 받아 배 속의 그 아기마저 유산되었다. 그녀가 품은 한恨은 세 가지였다고 한다. 첫째, 이 넓은 세상에서 하필이면 왜 조선에 태어났는가. 둘째, 하필이면 왜 여자로 태어났는가. 셋째, 하필이면 수많은 남자 가운데 왜 김성립의 아내(15세 결혼)가 되었는가. 그녀는 죽기 전 족히 방 한 칸 분량의 시들을 불태워 달라고 유언하였다고 한다. 그러나 비극적 삶을 살다간 누이를 애석하게 여겨, 오늘날 전하는 시편들은 남동생 허균(조선 1569~1618)에 의해 필사되어, 시집 『난설헌집』에 수록되었다.

시 「난설헌 허초희 할매를 만나다」는 이런 곡절을 배경에 깔고 있다. "강릉 초당동 허난설헌 생가"는, 고풍스럽다. 한옥 처마의 곡선曲線은 그녀가 친 난초의 "묵선墨線" 마냥 날래다. 그곳에서 박병구는 "짧은 생 / 애끓는 원통한 피눈물에 / 스물일곱 해 목마르게 살다가 꽃망울"로 떨어진, 조선의 '허초희'를 만났다. 시대를 잘못 타고난 불우한 이 여인에게, 시인은 한 편의 시로 위로한다. "바람"처럼 살다 간 그녀에게 "쓸쓸했던 세월을 만지며 / 그렁그렁 별빛"의 눈물로 시의 “목젖”을 누른다. 자식을 잃은 일은 참으로 절통하다. 하여, 시인은 허초희의 슬픈 한恨을 자신의 시 속에서, 영원한 서정의 노래로 불러주고 있다.

호수와 커피 한 잔

아련한 그리움과 풍경이 수채화처럼 펼쳐진 「호수와 커피 한 잔」은 박병구 시인의 ‘호수’와 ‘커피’에 대한 사랑을 엿볼 수 있는 시적 테제이다. 호수가 보이는 커피숍 안에서 밖을 쳐다보는 풍경은, 소소한 행복감을 불러일으킨다. 거리에는 수많은 차들이 지나가고, 호수 둘레로 산책하는 연인이 보이고, 나뭇잎 위로 빗방울이 떨어지면, 그 자체가 아름다운 음악이 된다. 하루의 피로를 푸는 장소로, ‘호수와 커피 한 잔’은 현대인들이 가장 애호하는 시적 파토스pathos다.

비가 내리던 흐릿한 허공을
깨끗이 씻어 낸 맑은 하늘 아래
텅 빈 오후 고요가 펼쳐진 호수
파란 파라솔이 드리워진 카페에
침묵하던 물결 위로 작은 떨림
흘러가던 구름 한 송이 내려앉아
물결에 찰랑찰랑 흔들리는 어울림

가을 색 커피 한 잔을 들고
흔들리는 초록빛 풀밭에 앉아
황혼의 연정에 손을 들어 준다
방금 지나간 소나기처럼 짧은 청춘
돌아설 수 없는 겉도는 사랑 앞에
늙어 가는 아린 시련에 울컥하며
찻잔에 한숨 한 방울 떨어지는 파문
호수는 둥글게 원을 그리며 펼쳐지니
괜스레 커피 맛이 떫고 쓰다
그냥 그대로가 좋은 것을
매듭이 풀리지 않는 곡선처럼
감히 사랑할 수 없는 엇박자의 그리움
고요하던 호수가 찰랑, 찻잔도 찰랑
아마도 볼품없는 고백이 흔들리는 신호인 게다.

—박병구, 「호수와 커피 한 잔」 전문

시작詩作에 있어 장소의 문제는 언제나 중요한 포인트가 된다. 시가 태어난 곳도 장소이며, 시점 처리 또한 그곳에서 우연히 시작된다. 박병구의 여러 시편들이 아련한 그리움과 기다림의 감성으로 번져 오는 이유는, 바로 장소와 풍경의 터치 때문일 것이다. 「호수와 커피 한 잔」역시, 비 내리는 "텅 빈 오후 고요가 펼쳐진 호수 / 파란 파라솔이 드리워진 카페"에서 시작된다. 현대시에 와서 '강물'의 이미지는 '호수'로 자주 바뀐다. 푸른 하늘은 아득한 희망을 상징하는 것에서 벗어나, 오늘 이 순간의 짧은 행복으로 변주된다. 잔잔한 "물결 위로" 떨어지는 빗방울의 "떨림"은 흘러가는 구름과 대비되어 '빔'의 시학이 된다. 그곳에서 시인은 지나온 "황혼의 연정에 손을 들어 준다" "방금 지나간 소나기처럼 짧은 청춘"에게 추억의 인사를 건넨다. 누구나 지나간 청춘은 아름답고 슬픈 법이다. 중년의 "곁도는 사랑 앞에"서 늙음은 아린 눈물로 "울컥"한다. 그래도 조금은 위안이 되는 것은, 소소한 행복이 잠시 시인을 기쁘게 한다는 점이다. 시 「호수와 커피 한 잔」은, 장년에게 "엇박자의 그리움" 같은 것이기도 하고, 볼품없는 고백 같기도 하다. 어쩌면 장소는 영원히 돌아갈 수 없는 '귀향'의 다른 이름인지도 모른다.

독거獨居 혹은, 고독

2018년 1월, 영국에서는 당시 집권 보수당의 대표이자 총리인 테리사 메이가 체육시민사회부 장관인 트레이시 크라우치를 '외로움부(部) 장관(Minister for Loneliness)'으로 임명하였다. 현대의 개인의 외로움을 국가 차원에서 관리해야 할 일로 바라본 관점은, 이미 사람과 사람 사이에 '빨간 신호등'이 켜졌다는 의미이다. '독거'나 '고독사', '자살'과 '정신 질환(우울, 조울)' 등은 현대문학의 중요한 주제로 뿌리내렸다. 대가족제의 해체로 인한 혼족, 혼술, 이혼 가정의 증가는 심각한 사회 문제로 부각된다. 박병구의 「홀로 사는 일」은 이런 사회의 병리적 현상에 대한 시적 자각에서 출발한다.

자유롭다는 이유로
불편한 구속에 대항하여
홀로이기를 꿈꾸는 초상肖像들의 고백
한 세상 이지러진 채 사는 거
태초로 가는 원시의 고향이라고
혼자 밥을 먹는 게 너무 익숙해
누군가 마주앉아 먹는 것이 거북해지는
삶의 백지에 홀로 그리는 낙서

혼밥 혼술 그런 날들의 외로운 노래
혼밥은
끼니가 되기도 하고 식사가 되기도 하고
혼술은
낭만이 되기도 하고 고립이 되기도 하지만
따뜻한 간섭을 그리워하는
차마 뱉을 수 없는 속내

울컥하고 터지는 그리움의 홀씨들

홀로 살면 자유롭다지만
늘 정情을 덧칠하고 싶은 마음
함께 기대어 사는 이웃이 되고 싶은 거
꾹 눌러 어쩔 수 없이 견디고 있는 거지.

—박병구, 「홀로 사는 일」 전문

마지막 홀로 죽음을 맞이하는 일은, 누구에게나 고독한 질문이다. 미완의 존재인 인간은 늘 불안하다. 속도와 자본의 시대는 삶도, 죽음도, 간단치가 않다. 인간의 실존은 맹목적 행복 추구를 낳았고, 이것은 결국 반문명적 행태로 드러난다. 가족 해체는 현대 사회의 불안의 진원지이다. 시 「홀로 사는 일」은 "홀로이기를 꿈꾸는 초상肖像들의 고백"이자, 아이러니이다. 혼족이 "원시의 고향"으로 돌아가는 연습이라면, "혼자 밥을 먹는" 행위는 자유와 외로움을 동시에 내포한다. 이런 모순 형용과 은유는, 시 「홀로 사는 일」의 행간을 읽어내는 요체다. 혼술은 "낭만"을 걷어내면 알콜 중독의 지름길이다. 인간은 사회적 동물이다. 혼자 살 수 없다. 행복한 죽음은 따뜻한 위로가 필요하다. 하여, 시인은"울컥하고 터지는 그리움의 홀씨들"을 시 속에 의인화하였다. '홀씨들'은 고독한 군중이자, 외로운 이웃이다. 그저 "정情을 덧칠"하고 살아가는, '나'이자 '우리'들의 자화상이다. "함께 기대어" 살아가야만 하는, 외로운 군상이 인간이다.

나가면서

앞에서도 말했듯이, 서정시는 개인의 다양한 체험이 배여 있는 기억의 보물창고이다. 때로는 그리움의 언어로, 때로는 일상의 스치는 풍경의 언어로, 현실을 압축하거나 비약한다. 특히 서정시는 자아와 타자 간의 고통의 간격에서 극대화되며, 이런 아픔과 흔적은 공감과 소통의 변주로 활용된다. 이번 박병구 시집 『그냥이라는 말은』 속에는 미처 다루지 못한 시편들로 가득하다. 시 「단오」는 한국의 전통 원형 정서를 통해 공동체의 삶의 아름다움을 수준 높게 그렸다. 성황당에 모여든 사람들의 풍년을 기원하며 지내는 제祭를 통해, 아직도 이어지는 세시풍속의 미덕을 알린다. 「그대, 상사화」는 사랑의 전설을 내재화한 시편으로, 못다 피운 그대와의 애절한 이별이 눈물겹다. 특이하게도 「산통産痛」은 시인이 '시마詩魔'에 붙들려 밤낮없이 몰입하는 상황을, 애 낳는 여자의 고통에 비유한 시이다. 시야말로 '나'와 '세계'와의 은밀한 대화이자 고백의 성소이다. 언어를 통해 언어를 극복하는, 불가능에 도전하는 '고통'의 시간이 시이다. 시 「버릇」은 매우 재미난 시이다. "딸깍, / 고요의 스위치를 켠다"는 첫 행부터 예사로운 이미지가 아니다. "부재중"인 사람의 빈 자리를 메꿔 가는 외로움을 "가려움"증으로 묘사한 행은 압권이다. 언제나 서정시는 관념의 세계보단, 구체

적인 감정의 정서에서 더욱 빛난다. 생생한 날것의 언어는 행간과 연을 리얼하게 한다. 「11월, 그 맞춤법」은 늦가을 넘어가는 계절과 장년의 회한을 긴 호흡으로 묘사하였다. “탈색된 낙엽”들을 통해 늙음의 징조를 읽어내고, “철새”를 통해 허허벌판의 그 허무를 보아낸다. 이 모든 풍경과 소리는 저녁노을에 모이며, 한 곡의 교향곡으로 이미지화된다.

박병구는 이번 시집을 통해 서정시가 갖추어야 할 삶의 체험과 고통의 순간을, 자신의 독창적인 서정의 언어로 깊게 음영화하였다. 사랑과 이별에 대한 아쉬움, 슬프고 외로운 인간 삶의 편린을 빼곡하게 채워 넣었다. 어떤 언어를 통해서는 중의적 기법으로 시화하였으며, 어떤 노래를 통해서는 전통과 서정의 대화가 수채화처럼 채색되기도 한다. 특히 늙음에 대한 시인의 심회는 촉촉하고, 아름답고, 고운 심리적 언어로 드러난다. 그의 시는 힘과 리듬이 있다. 근래 보기 힘든 서정시의 꽃밭 같은 느낌이 있다. 푸른 하늘에 귀를 열고 구름의 흐름을 듣거나, 꽃 피는 벚꽃을 통해 인생무상을 절감하기도 한다. 이런 기법들은 때로는 역설로, 때로는 은유나 비유로 사실적으로 형상화된다. 하여, 박병구의 시집 『그냥이라는 말은』, 서정 채워 넣기 혹은, 한 폭의 한국화로 규정된다.

시인 박병구

강원도 영월에서 태어나 2005년《문학세계》로 등단했다. 시집『하늘을 보며』,『맑은 샘이 솟는』,『또 다른 동행』이 있다.

tg339@hanmail.net

박병구 시집

그냥이라는 말은

초판 1쇄 발행 2021년 8월 20일

지은이 박병구
펴낸이 이은재

펴낸곳 도서출판 그루
출판등록 1983. 3. 26(제1-61호)
주소 06121 서울특별시 강남구 봉은사로 129, 1210호
42452 대구광역시 남구 큰골 3길 30
전화 02-358-1161, 053-253-7872
팩스 053-257-7884
전자우편 guroo@guroo.co.kr

ISBN 978-89-8069-452-5